La Rama Dorada

Un Ballet Folklorico para Niños

Escrito y Ilustrado por

Wilor Bluege

Traducido por
Lebohang Moore

Con asistencia adicional de
Mariana Parada y Mabel Tamasy

A todos mis maravillosos estudiantes.

Nada en la vida importa tanto como el pájaro de oro dentro de tu corazón, porque el pájaro de oro es la calidad de su corazón: su bondad, su inteligencia, su creatividad y su compasión. En comparación con la calidad de su corazón, todo lo demás en la vida es de poca importancia. Puede usted seguir alimentando el pájaro de oro en tu corazón, para que su vida y las vidas de quienes le rodean estallará en la compasión, la alegría y la creatividad.

—Wilor Bluege

Estoy profundamente agradecido por la enorme generosidad, la habilidad y la atención dada por Lebohang Moore, Mariana Parada, y Mabel Tamasy en la traducción de este libro.

Wilor Bluege

Había una vez, un pequeño pueblo. Muy cerca de ese pequeño pueblo había un bosque, en el centro del bosque había un árbol que tenía una rama dorada, en la rama había una jaula de oro. En la jaula había un pájaro dorado. Las personas del pueblo no sabían cómo ni porque este estaba allí. El árbol con la jaula siempre había estado allí, Aunqué las historias que se habían rumoreado eran acerca de un mago y un hechizo maligno que había sido arrojado al pájaro.

Cualquiera que sea la verdad detrás del misterio de la rama dorada y la carga que lo soporto, hacía mucho tiempo que el Pájarito Dorado había estado en su jaula de oro y nadie podría recordar ningun momento en que no lo estuviera. El Pajarito nunca cantó, aunque abria su pico en silencío como si quisiera, y sus plumas doradas se caían desconsoladamente. Era una vista tan triste que nadie jamás quiso ir alla (además, ellos tenían miedo del hechizo maligno), así que el pájarito estaba muy solo y triste. ¡De alguna manera, la gente empezaba a creer que si alguien dejaba salir el Pájaro Dorado de la jaula, un enorme hueco abriría el suelo, y la persona sería tragada inmediatamente por la tierra, y no sólo la persona, sí no el pueblo entero y todas las personas del pueblo! ¡Además no habría evidencia que un pueblito había existido allí! La gente del pueblo vivian sus vidas normales, y eran razonablemente felices. Ellos bailaban en la plaza del pueblo e intentaban olvidarse del Pájarito Dorado que estaba en su jaula de oro.

Las cosas habían continuado así para siempre, pero un día, después de un baile, una niña vagó dentro del bosque. Ella siempre sintió mucha tristeza por el pájarito. Quizás porque ella misma estaba sola y podría entender más profundamente la miseria del pájarito. Cuándo ella llego al bosque, allí estaba el árbol con la rama dorada y la jaula dorada con el pequeño habitante con sus plumas doradas. Ella estaba tan afectada al mirar el pájarito que no podía resistirse. ¡Sin pensar, ella abrió la jaula! El pájarito salió tan rápido de lo que usted puede parpadear los ojos y estaba revoloteando entre los árboles del bosque. La Niña llamó al pájarito, "¡Ay, regresa por favor! ¡Por favor, por favor no tengas miedo!"

De repente ella recordó el hechizo. Ella cerró sus ojos, se preparo a si misma, y esperó que la tierra se abriría y se la tragara en ese mismo lugar. Pero nada sucedió. Ella abrió primero un ojo y despues el otro. Todavía nada sucedia. ¿Qué podría significar esto? ¿Podrían haber sido mentiras, todas las historias?

¡Lo único que sucedió es que en un momento todos los pájaros del bosque empezaron a cantar y continuaban como si fuera la primavera aunque faltaban tres meses para que llegara! Entre los arbóles mas altos voló el Pájarito Dorado. Mientras estaba volando, miró hacia atrás sobre su hombro a la Niña y le dijo, "Porque tú me has liberado de mi Jaula, yo seré tú amigo para siempre, y cuando tú me necesites, vendré a tí."

Paso el tiempo …

3

La Niña no dijo nada a nadie sobre lo que ella había hecho, ni que el pájarito estaba fuera de su jaula, porque eso habría asustado a las personas en el pueblo. Ella sabía que nadie jamás entraba al bosque, así que nadie jamás sabría su secreto. Ella continuó yendo al bosque, esperando encontrarse con su amigo, pero la jaula dorada todavía estaba colgada y vacía, con la puerta abierta.

Un día la Niña estaba de paseo en el bosque, y empezó a nevar. Primero un solo copo de nieve… Despues otro… Y otros empezaban a caer. Muy pronto la nieve se arremolinaba y acumulaba en montones alrededor de la Niña. Saltando por las derivas, ella corrió con la preocupación de que quizás el pájarito fuese atrapado por la tormenta de nieve.

Su corazón se hundió, porque allí, en la parte inferior de la jaula, estaba el Pájarito Dorado. Había

tratado de regresar a la seguridad del árbol, pero el frío y la nieve casi lo habían congelado. La niña no lo abandonaría. Suavemente ella recogió la forma sin vida del pájarito. Ella lo sostuvo en sus manos y respiró suavemente sobre el pájarito para calentarlo. Ella lo tenia muy cerca de su corazón y cantaba mientras bailaba. Entonces, algo milagroso comenzó a ocurrir: La nieve empezó a derretirse. Cuando ella acariciaba al pájarito, ella sintió unas pequeñas palpitaciones del corazón del pájarito al lado del suyo. Entonces, el Pájarito se

estremeció y sacudió sus alas. "¡Estas vivo! ¡Estas vivo! " La Niña exclamó.

vivo! ¡Estas vivo! La Niña exclamó.

" ¡Gracias! » Dijo el Pájarito. Los dos estaban tan felices que bailaron juntos por todas los partes del claro. Y en cada parte que ellos bailaron florecieron un cantidad de flores desde el suelo. ¡Los flores no eran calladito tan poco! Cada flor tuvo que decir algo a los demas. " ¡Mi estimada amiga, usted se ve muy fino hoy día!" Dijo la Oca a la

Trillium. Todas las Gencianas Azules hablaban al mismo tiempo, y el Jack en el Púlpito quería predicar con respecto al estado del bosque. Hasta la pequeña Pipsissewa, que normalmente era muy tímido y mantenía a ella misma en el bosque, apenas podría mantener su entusiasmo. "¡Es La primavera! ¡Es La primavera!" Ella exclamó, y empezó a

bailar por todos los partes del prado.

Las Prímulas amarillas estaban ocupadas en su discusión anual sobre su nombre propio. Uno insistió ser llamado una Prímula, mientras otro discutió, "¿Cómo puede uds. decir que usted es una Prímula, cuando su madre fue una Calendula Maravilla?" Otro

dijo, "Yo no soy excesivamente particular acerca de estos detailes," (que no fue la verdad, porque todos sabían que él fue siempre excesivamente particular acerca de estos detalles), "pero yo creo que el nombre propio es Caltha palustris. Si no me equivoco, parece si puedo recordar que su propio padre fue de una familia altamente respetada, Los Botones de Oro de Brumoso Lugar bajo." La discusión siguió así para bastante tiempo.

Entonces los espíritus del árbol, las Dríadas, entraron en el acción. Los Sauces eran especialmente precioso en sus trajes dorados y liviano. Los Robles y los Arces llegaron con sus flores de am-

arillo y rojo. Un Conífero majestuoso de verde oscuro, se movió con gracia digna. Aunque había charreteras de nieve todavía en sus hombros, todos

de sus puntas de dedos lucieron la última moda en esmalte para las uñas en un color suave y verde claro. Todo junto, fue un espectaculo más festivo que nunca -- sin mencionar la bulla.

La Conífera bailó con las Aguileñas, y por fin las Prímulas dejaron a discutir para hacer una reverencia suficiente a las Gencianas cuando ellos les pidieron a bailar. Muy pronto todas las flores y dríades estaban bailando, con la Niña y el Pájaro Dorado que estaban justo en el medio de todo.

El ruido atraído a los niños de la aldea, que comenzó a asomarse dentro de los árboles para ver porque había la celebración tan spectacular. Dentro de poco, todos bailaban un baile de La Primavera disfrutandose mucho de un tiempo maravilloso. El Pájaro Dorado y la Niña bailaron hasta que todos se cansaron y regresaron a sus casas; ellos bailaron

hasta que aún las flores se sentaron con sus cabezas adormilado. Por último sin embargo, el Pájarito dijo, "Ahora tiene que regresar a su casa. Sus padres se van a preocupar. No esté triste. Porque tú me liberó y me salvó de la tormenta de nieve, yo vendré a ti siempre cuando tú me necesites." Entonces, el Pájarito movió su colito, sacudió su cabeza, y con un guiño de su ojo, se volo hacía arriba.

El tiempo pasó. . .

La Niña no había visto el Pájarito durante mucho tiempo. Ella paso mucho tiempo pensando en su cómo su amiguito, pero ella estaba en la escuela y tenía mucho tarea, así que ella no podría ir al claro en el bosque por varios meses. Un día, saliendo de la escuela por la orilla del bosque, ella de repente escuchó gritos de angustia del bosque. Ella se apuró al claro en tiempo para ver El Pájarito Dorado luchando contra sogas que algunos criaturas horribles y malvadas le habían tirado alrededor. El Pájarito estaba imovilizado, casi agotado, y las criaturas atroces fueron casi encima de el.

Pero, la Niña fue muy hábil. Ella sabía que no puedes vencer tales cosas con violencia física. Había sólo una cosa que fue efectiva:

ella sacó unos papeles blancos de su cuaderno y empezó a escribir febril-mente (rapidamente) en una hoja y después otro. En cada hoja ella escribió el nombre de uno de las criaturas hor-ribles. Ella sabía que nombres son mágicos, y si tú sabes el nombre de al-go tú tienes el poder de vencerlo. La Niña corrío a un monstruo al otro, col-ocando un nombre en cada uno. Uno fue llamado "Temor" . . otro, "Desconfianza". . . otro, "Envidia" . . . otro "Odio". . . Coorriendo y colocando ella sigió, y cada vez que colocó un nombre en uno de los demonios, se disolvió en una pila de cenizas que el viento barrió con su escoba.

Sin embargo, no más pronto que la Niña completó este trabajo otro monstruo, más horroroso que todo los demás, se rezumaron del bosque. Fue un tramposo y cambia su forma tan rápido y con frecuencia que la Niña fue perdida y no sabía como llamarlo. Ella había tenido experiencia con todos los otros demonios antes, así que ella supo sus nombres, pero éste demonio fue más poderoso que todo los demás combinaron. ¡La Niña buscó en su mente para un nombre, pero ella había usado todos los nombres en que podría pensar! ¿Qué podría hacer ella?

La mancha atroz estaba casi encima del Pájarito que sin fuerzas que ya ha perdido su conocimiento. La Niña tenía que hacer algo muy rápido porque si no, el pájarito sería ahogado. Con un momento de claridad, la Niña, de repente, recordó tuvo un pequeño espejo en su mochila. Ella sacó el espejo y se paró entre el demonio y el pájarito. Ella se lo mantenía enfrente del demonio para que el pueda verse en el espejo.

Cuándo el demonio se vio, gritó en el horror como si hubiera recibido un herido mortalmente y se empezó a retirar lentamente. La Niña se mantuvo su lugar hasta que el monstruo se hubiera disolvido a nada y por último se fue al bosque, un tamaño mucho mas pequeño de su ser anterior. Por último, ella hizo otro letrero, "Desconocido" Y lo puso en un palito en la orilla del bosque, para que el demonio sin un nombre sepa que nunca podría llegar otra vez.

La Niña corrió a su amigo, quitó rápidamente su cuchillo y cortó por las sogas que estaban atrapando el Pájarito. Ella recogió el Pájarito y le ayudó a mover sus alitas, que había sido tan confinado cruelmente por las sogas. Afortunadamente, nada había sido roto, y el un avez más el Pájarito le expresó su gratitud eterno a la Niña y prometió venir a su ayuda si ella jamás necesitaría ayuda. El Pájarito se voló una vez más.

El tiempo pasó. . .

Un Día, La Niña se estaba yendo a su primer día en una nueva escuela. Ella se sentía sola y nerviosa, porque ella no conoció a nadie en la nueva escuela, ni la professora. De repente, el Pájarito Dorado apareció. Se sentó en el hombro de La Niña y le dijo, "Porque tú me liberó de mi jaula, y me guardó de la tormenta de nieve y los monstruos demonios, yo seré su compañero y iré contingo a tú nueva escuela."

"Pero ellos no permiten pájaros en la escuela," La Niña dijo desanimadamente.

"Yo me haré invisible," Gorjeó el Pájarito. "Nadie podrá ver ni oírme menos ti." Asi que la Niña se fue a la escuela, y el Pájarito Dorado se sentó a veces calladamente en su hombro y a veces revoloteando encima de la pizarra donde lo pareció tomar un gran interés en lo que la Profesora estaba escribiendo. Las travesuras del Pájarito revolote-

ando acerca del profesora y el cuarto se hizó una sonrisa a la cara de la Niña y se sentía mucho mejor. Después de la escuela, la Niña estaba yendo a la casa. El Pájarito dijo, "Debo irme ahora, pero volveré, siempre Cuando tú me necesites." El Pájarito voló lejos hacia el bosque.

Al día siguiente, una pandilla detenido a la Niña en su camino a la escuela. Ellos se burlaron de ella y la trataron muy mal. La Niña no podría soportar a ir a la escuela, así que se fué corriendo al claro en el bosque y se sentó en una piedra, llorando como si su corazón se rompería. De repente, el Pájarito apareció. "Porque tú me liberó de mi jaula, y me guardó de la tormenta de nieve y los monstruos demonios, yo te daré el regalo de un corazón jubiloso que nadie te puede robar." Entonces el Pájarito empezó hacer un baile pequeño chistoso que se la hizo a reír. El Pájarito voló abajo y con uno de sus alas doradas paso encima de los pies de La Niña y le dijo, "Ahora quitate tus zapatos viejos." Por la magia, sus pies ahora llevaron unos zapatos mágicos y más maravillosos que ella jamás había visto.

El Pájarito enseñó a la Niña cómo bailar en los zapatos maravillosos, y cuando ellos terminaron de baílar, la Niña sentía muy fuerte y podría confrontar a la pandilla otra vez. Con sus nuevos zapatos mágicos en sus pie, ella empezó a ir a la escuela de nuevo.

Cuándo la pandilla apareció, la Niña sacudió su cabeza, y se defendió en sus nuevos zapatillas, y la dejó a la pandilla asombrada con las bocas abiertas, mientras ella bailaba hasta la escuela.

Fue poco tiempo hasta que el próximo dilema ocurrió. Un día La Niña vio a una otra chica que estaba haciendo trampas en un examen en el colegio. Ella sabía que hacer trampas era mala, pero ella no quiso ser una chismosa. Después de todo, ella todavía era la nueva chica en la escuela, y quería hacerse amigos, no haga que los otros niños no les gustan a ella.

La Niña se fue al bosque para pensar en lo que hacer. El Pájarito apareció y se sentó calladito en su hombro por un momento, evalorando la situación, que en algún modo ya pareció a entender.

Por último, susurró en la oreja de la Niña, "Porque tú me liberó de mi jaula, y me guardó de la tormenta de nieve y los monstruos demonios, yo le daré el regalo de sabiduría."

De repente, se hizo evidente a la Niña cómo ella podría manejar la situación. Ella fue a la otra chica y dijo, "¿Me ayudarías con mis tareas por favor? Pienso que me ayudaría mucho, y quizás, si podríamos estudiar juntos te

do volía arriba en las copas de los árboles.

El estudio fue difícil al principio. Las pequeñas lettras no parecian saber su orden. Así que la "d" se confundió con la "b". La "g" andaba con su cola hacia al lado equivocado, y continuo a convirtirse a una "q". En general, las cartas no pare-

ayudaría también. ¡Ádemas sería divertido!"

Así que, cada día los dos chicas estudiaron juntos debajo del árbol con la rama dorada, mientras el Pájarito Dora-

cian capaces de organizarse en el orden correcto - especialmente cuando la "i" y la "e" se confundieron. La "i" completamente perdio su cabeza y corrió como un loco buscandolo.

Por su parte, los números simplemente no mantenían su lugar y siguieron discultiendo sobre quién era lo más importante. El "1" pensé que el era más importante que el "9" – haste que el "9" se molesto. Todo esto llego a ser tan caótica que las letras y los números finalmente cayeron en un monton confundido.

Las dos niñas sacudieron sus cabezas con consternación por el problema de números y participios colgantes. Obviamente, se necesitaba una mano firme. "

Ahora ven aquí", dijeron las niñas, tirando letras y números del montón. "Ustedes simplemente tengan que comportarse bien. No vamos a tener más discusiones o peleas. Ustedes se comporten de una manera ordenada y disciplinada, a partir de ahora!" Después de esta locura, todo fueron mejor, y todas las letras y números colaboraron.

Entonces, un día, la amiga de La Niña dijo, "Tengo una confesión para hacer. Tenía miedo que yo no fue tan

intelligente ni listo para conseguir notas buenas, así que a veces yo hacía trampas en las pruebas. Pero ahora sé que yo no soy estúpida, y que puedo aprender justo así como nadie. Creo que nosotros ambos sacarán muy buenas notas en la próxima prueba." Y eso ya paso. ¡Ambas niñas recibieron el grado más alto en la próxima prueba -- sin hacer trampa! ¡Y, mejor de todo, las dos chicas se convertieron a ser mejores amigas!

El tiempo pasó . . .

La escuela clausuro por vacaciones, y la Niña se sentía muy solita porque su mejor amiga se había ido con sus padres de viaje, y ella no podía jugar con nadie. Ella se fue a un lugar tranquillo en el bosque y se acosto en el césped de la pradera. El pájarito apareció y entendió la situación inmediatamente. Se fue volando otra vez, cantando, "Porque tu me liberaste de mi jaula, y me guardaste de la tormenta de nieve y los monstruos o demonios, yo te daré el regalo de la amistad," Muy pronto el Pájarito regresó, dirigiendo un desfile de niños.

Todos empezaron a bailar, y en muy poco tiempo todo el pueblito estaba allí, bailando y disfrutando de una gran celebración. Eventualmente llego el atardecer, y las almas de los arboles llegaron con sus pequeñas luces mágicas, y la niña miró a su alrededor y vio a todos los maravillosos amigos que ella había hecho

ese día. Sabiendo que habrían otros días iguales, hermosos y divertidos en el futuro (pues, por supuesto, todavía era verano), ella no se sintio triste cuando se despidio de sus amigos.

Cuando la luna apareció en el cielo, encima de los árboles, el césped estaba bañado en una luz plateada. La Niña vió el árbol con la rama dorada. El arból había estado parádo en ese lugar por tantos años, pero algo había cambiado. Ahora el árbol entero brillaba como oro, y había algo escrito en la rama donde la jaula vacía todavía colgaba. La Niña se acercó al árbol y pasó sus dedos lentamente encima de las letras …

COMPASIÓN … mientras el pájarito dorado bailó con alegría bajo la luz de la luna.

Nuestros diseñados para el ballet

por Lori Gleason, Diseños de Gleason (2002 temporada)

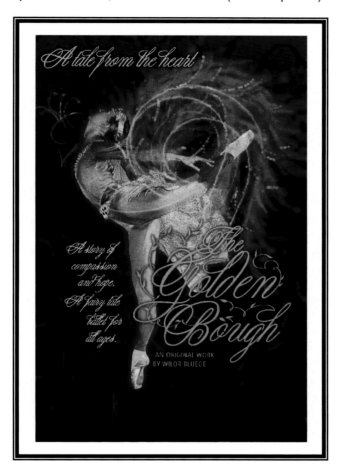

Erin Tracy como el pájaro dorado.

Escenas del ballet.

1997: La Niña, Erin Bridges. El pájaro dorado, Kathryn Deeg.

Prólogo: Los aldeanos y amigos

Izquierda: **Escena 1.**
Derecha y abajo: **Escena 2**: "Nieve" y "Viento"

Escena 2:

Las **"Flores Silvestres"**, con los **"Espíritus de las Flores"**.

Escena 2:

Flores pequeñas, las niñas, rosadas con flores amarillos.

Centro: el pájaro dorado y espiritus del arbóles.

Escena 2:

Espíritus del arbóles
(Abajo), **la Mazurka**

Escena 3: Monstruos, el pájaro dorado, y la niña y el "blob".

Escena 4: *Izquierda*: Los viajeros de tiempo toman una siesta. Se ocurre a la niña que un estudiante esta haciendo trampas en un examen.

Escena 4: *La escuela de niñas bailan, una pandilla molesta a la niña y el pájaro dorado lanza un hechizo, dando a la niña un par de zapatos mágicos. Las letras y números están confundidos y las niñas intentan a organizarlas.*

Escena 4: Los Viajeros de Tiempo encuentran un objeto extraño.

El epílogo: Espiritus de los arbóles y los flores aparecen, la chica se nota que el árbol se ha convertido en oro.

El Epílogo: Kathleen Hamel como el pájaro dorado con Lebohang Moore como la Niña.

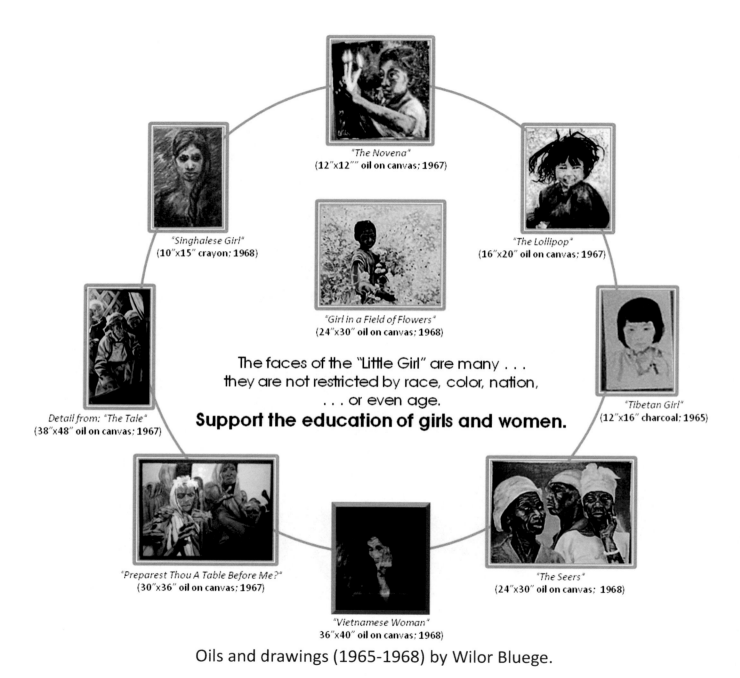

"The Novena"
(12"x12"" oil on canvas; 1967)

"Singhalese Girl"
(10"x15" crayon; 1968)

"The Lollipop"
(16"x20" oil on canvas; 1967)

"Girl in a Field of Flowers"
(24"x30" oil on canvas; 1968)

Detail from: "The Tale"
(38"x48" oil on canvas; 1967)

"Tibetan Girl"
(12"x16" charcoal; 1965)

The faces of the "Little Girl" are many . . .
they are not restricted by race, color, nation,
. . . or even age.
Support the education of girls and women.

"Preparest Thou A Table Before Me?"
(30"x36" oil on canvas; 1967)

"Vietnamese Woman"
36"x40" oil on canvas; 1968)

"The Seers"
(24"x30" oil on canvas; 1968)

Oils and drawings (1965-1968) by Wilor Bluege.

Acerca de la autora. . .

Wilor Bluege es una professora de ballet y coreógrafo en Minnesota. Se formó principalmente con Lorand y Andahazy Anna (de Basil Ballets Russe de Monte Carlo), Branitski Lirena (Bolshoi Ballet) y Bolton Sylvia (Minnesota Dance Theater). Ella tomó clases aceleradas durante ocho años con bailarinas notables del Kirov (Maryinsky) Ballet, entre ellos Gabriela Komleva, Stavitskaya Marina, Gulyaeava Luba, y Fedecheva Kaleria. Su carrera artística (corps, solista, y los roles principales) en el Andahazy, Savino, y las compañías de ballet Branitski preparó para convertirse en una professora con una capacidad única de combinar los conocimientos técnicos con el arte. En el aula, se utiliza un proceso de formación sistemático basado en el método Ruso, pero adaptado a la situación de América educativo y cultural. Ella es uno de los pocos maestros hoy que enseña baile carácter - clásica y formas campesinas - y tiene una amplia experiencia en el género de la coreografía, con sus diversas raíces étnicas y culturales.

En 1997, Wilor creó el cuerpo entero de 1 ½ horas ballet basado en su libro original, "La rama dorada, Un Ballet Folklorico para los Niños" (ed. 1996, 2000, y una edición francesa en 2012), los diseños y construcción, utilería, vestuario y coreografía de 100 bailarines. Con más de 30 obras originales, Wilor sigue creando nuevas coreografías y organizardo una gran variedad de material del repertorio del ballet histórico.

Es autora de varios libros y artículos, incluso: "The Balletic Centipede" (2011); "The Adventures of Popnoggle, Brandythwaite, y Snifter" (2003); la serie de cinco volúmenes, "Anatomy for the Young Ballet Dancer" (2011); "The Art, Science and Fun of Classical Ballet" (2009); "Black Swan: Three Perspectives on a Myth for Our Time" (2011), "A Companion Guide to 'The Golden Bough, a Fairytale Ballet for Children', Part 1: The Ballet as Parable" (2013); "Dancers are Like Horses" (2007); "The Entomologist's Zoo" (con su madre, 2003); "Frog on a Log in a Bog" (2009); "George S. Maxwell: A Family Memoir of an American Hero" (2011); "A Halloween Howl" (1974); "The Illustrated Encyclopedia of Wickitty-Whacky Wonky Wobbles: A Guide for Parents of Young Dancers" (2008); "It's Science! It's Art! It's Ballet! The Science and Soul of Teaching Ballet" (2012); "A Life in Baseball: Ossie Bluege, In the Grip of the Game" (con Lynn Bluege-Rust, 2009); "Loki's Revenge" (2009); "The Mouse of God" (2010); "The Mouse that Ate the Cat" (2010); "Sing a Song of Crictor" (1975); "Archetypal Themes in the Classical Ballet" (1984), "There's a Rabbit on the Roof!" (2008) y "The Two Rocking Chairs" (2011).

Manufactured by Amazon.com
Columbia, SC
08 April 2017